Copyright © 2015 Disney Enterprises, Inc. und Pixar Animation Studios

Alle Rechte vorbehalten. Die vollständige oder auszugsweise Speicherung, Vervielfältigung oder Übertragung dieses Werkes, ob elektronisch, mechanisch, durch Fotokopie oder Aufzeichnung, ist ohne vorherige Genehmigung des Rechteinhabers urheberrechtlich untersagt.

Die deutsche Ausgabe erscheint bei

Parragon Books Ltd
Chartist House
15–17 Trim Street
Bath BA1 1HA, UK
www.parragon.com

Realisation der deutschen Ausgabe:
trans texas publishing services GmbH, Köln
Übersetzung und Satz: lesezeichen Verlagsdienste, Köln

ISBN 978-1-4723-4945-3

Printed in China

Disney · PIXAR
ARLO & SPOT

Bath • New York • Cologne • Melbourne • Delhi
Hong Kong • Shenzhen • Singapore • Amsterdam

Vor langer, langer Zeit herrschten Dinosaurier über die Erde. Diese riesigen Lebewesen wurden ausgelöscht, als ein Asteroid auf unserem Planeten einschlug. Stell Dir jedoch einmal vor, das wäre nicht passiert, und die Dinosaurier wären nicht ausgestorben!

In einer Welt, in der Dinosaurier Bauern sein konnten, lebten zwei Apatosaurier: Henry und Ida. Sie liebten einander sehr und wollten eine Familie gründen.

Henry und Ida bekamen drei Kinder. Bucky und Libby waren starke, selbstbewusste Dinos. Ihr Bruder Arlo jedoch war sehr klein für einen Apatosaurus.

Von dem Tag an, als er aus dem Ei schlüpfte, war er ein schüchterner kleiner Kerl. Er fürchtete sich vor allem Möglichen, sogar vor den Dingen des Alltags. Am meisten Angst hatte er jedoch vor der Wildnis jenseits des Zauns. Rundum sicher fühlte er sich nur zu Hause, auf dem Bauernhof am Fuß des Reißzahngebirges.

Eines Nachts nahm Henry seinen Sohn Arlo mit auf eine Weide. Ein Insekt landete auf Arlos Nase, und der kleine Dinosaurier schrie auf. Aus der Nähe schien der Käfer so riesig und bedrohlich. Henry befahl Arlo stillzuhalten, blies sanft gegen das Insekt und dann ... glühte es. Es war ein Glühwürmchen! Arlo lächelte seinen Papa an.

Plötzlich wischte Henry mit seinem langen Schwanz durch das Gras, und Hunderte von Glühwürmchen erhoben sich in die Luft. Arlo war ganz begeistert. Das war so schön! Arlo hatte volles Vertrauen zu seinem Vater.

Am nächsten Tag bemerkte Henry, dass ein Schädling vom Mais gefressen hatte.

„Ich habe eine Aufgabe für dich, Arlo", sagte er. „Du fängst den Dieb."

Arlo war das nicht geheuer, aber sein Vater sollte stolz auf ihn sein. „Ich kümmere mich darum", sagte Arlo. „Er hat nicht die Spur einer Chance!"

Arlo postierte sich bei der Falle, die er und sein Papa gebaut hatten, bis er ein Rascheln darin hörte. Arlo sah den Schädling. Es war ein kleiner Menschenjunge! Der Dinosaurier bekam einen Schreck und ließ den Knirps laufen.

Henry gefiel das gar nicht, als er die leere Falle sah. Er wollte seinem Sohn die Angst nehmen. Darum sollte er ihn auf der Jagd nach dem Schädling begleiten. Arlo fürchtete sich trotzdem. Wenn sie sich nun verlaufen würden?

„Wenn wir dem Fluss folgen, kommen wir wieder nach Hause", erklärte Henry ihm. Sie durchkämmten die Wildnis, aber nach kurzer Zeit zog ein Gewitter auf. Durch den Regen trat der Fluss über die Ufer, und der arme Henry wurde vom Wasser davongeschwemmt. Arlo war außer sich – er würde seinen Vater nie wiedersehen!

Ohne Henry musste der Rest der Familie nun noch viel mehr auf der Farm arbeiten. Arlos Mama war am Ende ihrer Kräfte. Eines Tages trug sie ein schweres Bündel Mais auf dem Rücken und brach unter der Last zusammen.

Arlo lief besorgt zu ihr. „Du musst dich ausruhen!", sagte er.

„Wenn wir die Ernte nicht vor dem ersten Schnee einbringen", erklärte sie ihrem Sohn, „sind wir ruiniert."
Arlo wollte ihr helfen. Er packte das Bündel Mais und schleppte es für seine Mutter.
„Keine Sorge!", versprach er. „Wir werden nicht verhungern."

Als Arlo die ersten Bündel Mais in den riesigen Silo auf der Farm brachte, sah er den kleinen Dieb, den er freigelassen hatte. Er stahl schon wieder Mais!

Arlo wollte unbedingt den Auftrag seines Vaters ausführen und kämpfte mit dem Schädling. Während sie miteinander rangen, taumelten sie und fielen in den Fluss. Als Arlo auftauchte, um Luft zu schnappen, hatte der Fluss ihn schon ein gutes Stück von der Farm weggespült.

„Mama! Mama!", schrie er, aber er war schon viel zu weit entfernt, als dass sie ihn hätte hören können. Und dann, *RUMMS,* krachte der kleine Dinosaurier mit dem Kopf gegen einen Stein und wurde von der Strömung fortgerissen.

Als Arlo aufwachte, wusste er nicht mehr, wo er sich befand. Sein Kopf und seine Beine schmerzten, und er war mutterseelenallein. Er war an einen schmalen Streifen Land getrieben worden, der von steilen Klippen umgeben war. Von hier gab es kein Fortkommen!

Er rappelte sich auf und versuchte, die Felswand zu erklimmen – vergeblich. Da hörte er ein merkwürdiges Heulen. Er schaute nach oben und erblickte am Rand der Klippe den Schädling.

„Du schon wieder!", brüllte Arlo. „Das ist alles deine Schuld!"

Aber das Menschenjunge reagierte nicht. Es saß still da und schaute.

„Komm hier rüber!", befahl Arlo, reckte seinen langen Hals in die Höhe und knirschte wütend mit den Zähnen. Der Junge tat wie befohlen und sprang auf Arlos Nase.

„Aaahh! Nein!", schrie Arlo entsetzt. „Verschwinde!"

Der Schädling sprang von Arlos Nase herunter und verschwand.

Als der Knirps weg war, gelang es Arlo doch noch, die Felswand hochzuklettern. Oben verschnaufte er und sah sich um. Die Wildnis schien grenzenlos – Berge und Wälder, so weit das Auge reichte.

„Wie komme ich jetzt nach Hause?", fragte Arlo sich.
Er blickte hinab zum Fluss und erinnerte sich an die Worte seines Vaters: *Wenn wir dem Fluss folgen, kommen wir nach Hause.*

Arlo machte sich auf den langen Heimweg entlang des Flusses, aber schon nach kurzer Zeit verspürte er Hunger. Er kletterte auf einen Felsbrocken, um die saftigen Beeren zu erreichen. Plötzlich rutschte der Felsen weg, und Arlo stürzte. Er versuchte, sich wieder aufzurichten, aber ein Fuß war in einer Felsspalte eingeklemmt. So sehr er sich auch anstrengte, er konnte sich nicht aus eigener Kraft befreien!

Schon bald wurde es dunkel. Arlo hörte von allen Seiten unbekannte Geräusche. Hier war er alles andere als sicher. Der Dino rollte sich zusammen und versuchte, die Wildnis mit all ihren schrecklichen Geräuschen auszublenden.

Am nächsten Morgen sah Arlo sich erschrocken um. Dann kam die Erinnerung wieder. Er bewegte seinen Fuß – er war frei! Jemand hatte den Felsbrocken weggeschoben, denn er sah Fußabdrücke auf dem Boden.
Arlo machte sich also wieder auf den Heimweg, aber bald begann es zu regnen.

Arlo beschloss, einen Unterstand aus Ästen und Zweigen zu bauen. Drei kleine Waldbewohner lugten aus ihrer Höhle und beobachteten ihn dabei. Arlo, der sein Lebtag noch nichts gebaut hatte, war sicher, dass sie ihn auslachten.

Mit einem Mal hörte er ein Rascheln im Gebüsch, das immer näher kam. Ihm stockte schon der Atem vor Angst, als schließlich der Schädling wieder vor ihm stand.

„Du schon wieder!", schrie Arlo. „Mach, dass du wegkommst!"
Der Junge sah Arlo an, dann lief er zurück ins Dickicht. Einen Augenblick später tauchte er erneut auf, den Arm voller Beeren. Er ließ sie vor dem Dinosaurier fallen. Arlo war unschlüssig, was er tun sollte, aber er war mittlerweile so hungrig, dass er nicht widerstehen konnte. Er verschlang alle Beeren auf einmal!
„Danke schön!", sagte Arlo. „Ich habe immer noch vor, dich unschädlich zu machen, aber könntest du mir zuerst noch ein paar Beeren besorgen?"

Der Junge verstand Arlo nicht, doch er zog wieder in den Wald und schnüffelte dabei. Arlo folgte ihm neugierig. Dann blieb der Kleine stehen und stampfte mit dem Fuß. Er hatte Beeren gefunden. Der Dinosaurier lief darauf zu, aber der Junge sprang ihm in den Weg und knurrte.

„Was ist los?", fragte Arlo. „Verrücktes Ding!"

Arlo brach sich einen Zweig mit Beeren ab, da fiel ihm plötzlich eine riesige Schlange ins Gesicht! „Aaaahhh!", kreischte Arlo und schleuderte die Schlange von sich.

Die Schlange richtete sich vor Arlo auf, und noch einmal sprang der Junge vor ihn. Als die Schlange sich auf die beiden zubewegte, schoss der Junge nach vorn, brachte sich hinter der Schlange in Stellung und gab ihr eine Kopfnuss! Die Schlange floh in den Wald.

Arlo war dem Jungen unendlich dankbar, dass er ihn gerettet hatte. Er war doch kein so übler Bursche.
„Hallo!", erklang da eine Stimme.
Arlo drehte sich in die Richtung, aus der die Stimme kam. Der Junge schien nichts zu bemerken – er durchstöberte einen Strauch in der Nähe. Die Stimme gehörte einem Styracosaurus, der sich zwischen den Bäumen versteckt hatte. Seine Hörner wurden von vielen winzigen Waldbewohnern belagert.

Der Fremde sprach erneut: „Warum hat der Junge dich beschützt?"

„Ich, ähm, ich weiß es nicht", stotterte Arlo.

„Hm", sagte der Fremde. „Ich gebe ihm einen Namen und behalte ihn." Er wollte den Jungen offenbar für sich haben. Der Styracosaurus schloss nachdenklich die Augen und rief dem Jungen mehrere Namen zu. Arlo machte mit, denn ihm wurde jetzt klar, dass er seinen Begleiter nicht verlieren wollte.

„Frechdachs", rief Arlo, aber der Junge reagierte nicht. Dann versuchte er es mit „Spot". Der Junge drehte sich um, sah Arlo an und lief zu ihm.

„Er hat also einen Namen", sagte der Styracosaurus. „Er wird sich um dich kümmern. Verliere ihn nicht."

Arlo und Spot verbrachten den Rest des Tages mit Nahrungssuche und Spielen. Bei Sonnenuntergang dachte Arlo an sein Zuhause.

„Ich vermisse meine Familie", sagte er. Aber Spot konnte ihn nicht verstehen. Arlo sammelte Zweige und baute damit mehrere Dinosaurier: seine Eltern, Buck und Libby.

Auch Spot machte Figuren aus Stöcken. Das war *seine* Familie. Der Junge streute Erde darüber, das bedeutete, dass seine Familie tot war. Arlo drehte die Figur seines Vaters um.

„Ich vermisse ihn", sagte er.

Spot streichelte tröstend Arlos Bein, hob den Kopf Richtung Mond und stieß ein trauriges Heulen aus. Arlo legte seine Pfote auf die Figur seines Vaters und fiel mit ein. Die beiden neuen Freunde heulten in die Nacht.

Am nächsten Morgen verfinsterte sich der Himmel: Ein Sturm zog heran. Die beiden marschierten am Fluss entlang, aber Arlo war unruhig. „Wir sollten nicht weitergehen", rief er, doch Spot konnte ihn im pfeifenden Wind gar nicht hören. *RUMMS!* Donnergrollen erklang über ihnen. Arlo musste unwillkürlich an den Tag denken, als er seinen Papa verloren hatte. Er versuchte, vor dem Gewitter wegzulaufen, und versteckte sich im Wurzelwerk eines riesigen Baums.

Endlich war das Gewitter weitergezogen. Spot schnüffelte nach Arlos Spur und fand ihn zusammengekauert unter dem Baum. Er kroch hervor und schaute sich um. „W-w-wo ist der Fluss?", fragte Arlo voller Angst. „Ich sehe den Fluss nicht mehr."

Arlo bat einige Pterodaktylen um Hilfe, aber sie waren garstig und wollten Spot auffressen. Arlo und Spot flohen, geradewegs vor die Füße von ...

… zwei Tyrannosauriern. „Aaaahhh!", kreischte Arlo. Aber die beiden waren auf Arlos und Spots Seite und schlugen die Pterodaktylen in Nullkommanichts in die Flucht. Dann wandte der eine T-Rex – er hieß Nash – sich an Arlo: „He, bist du in Ordnung, Kleiner?"

„Äh, j-j-ja", stammelte Arlo.

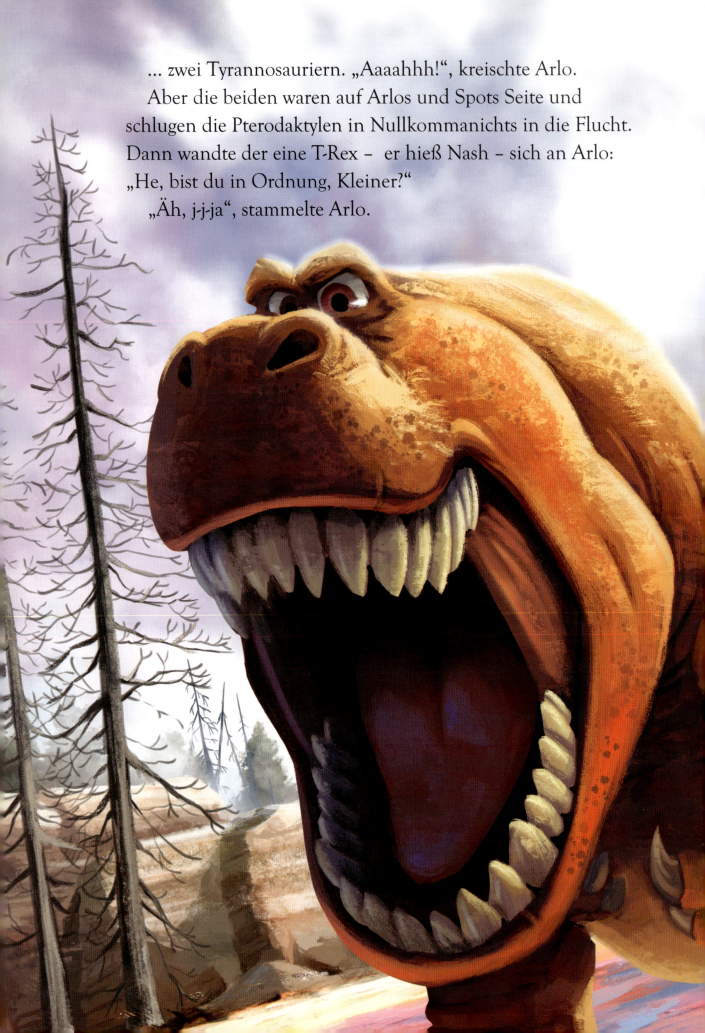

Der andere T-Rex, Ramsey, betrachtete Spot. „Na, du bist ja ein süßes kleines Ding", sagte sie, als Spot sich gegen ihr Bein lehnte.

„Er mag dich", stellte Arlo fest.

In dem Augenblick erschien ein dritter, noch größerer T-Rex. Das war Butch. „Ihr habt hier draußen nichts verloren", meckerte er.

„Ja, ich weiß", antwortete Arlo. „Ich versuche auch nur, den Heimweg zu finden, aber ich sehe den Fluss nicht mehr."

Arlo bat die T-Rex-Familie, sie zum Fluss zu führen und ihm die Richtung zum Reißzahngebirge zeigen. Butch entgegnete, dass sie die Spur von ihrer Herde Langhornrinder verloren hatten und sie diese nun finden mussten.

Arlo dachte nach. „Warte! Vielleicht können wir euch ja helfen."

Butch blieb abrupt stehen, und Arlo fuhr fort: „Spot kann alles Mögliche erschnüffeln. Ich habe ihn schon dabei beobachtet."

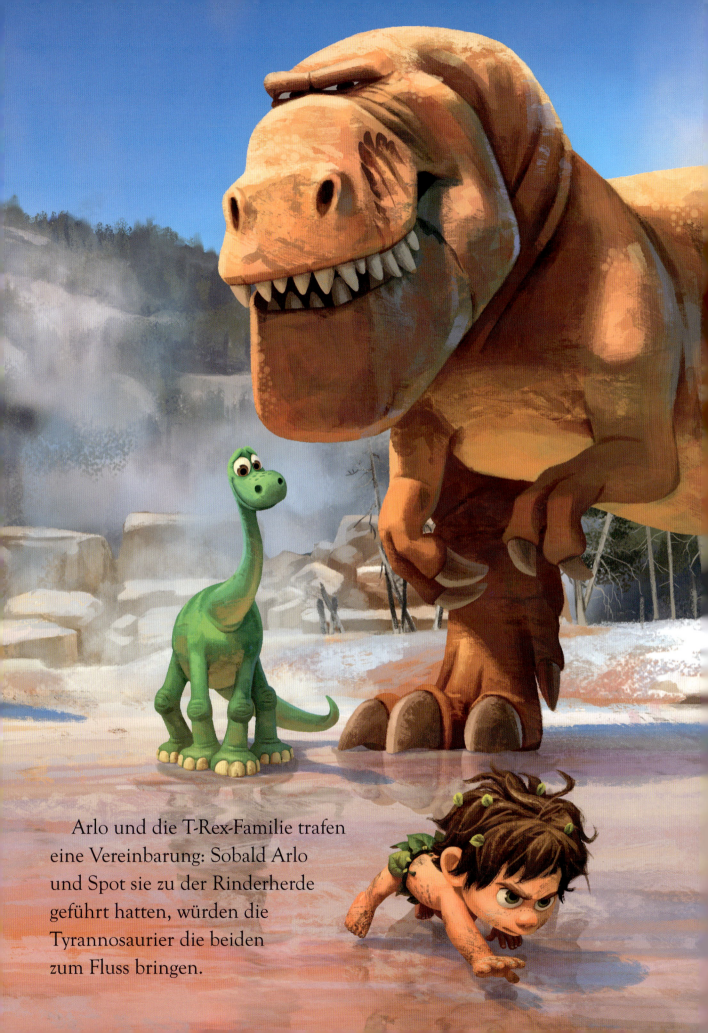

Arlo und die T-Rex-Familie trafen eine Vereinbarung: Sobald Arlo und Spot sie zu der Rinderherde geführt hatten, würden die Tyrannosaurier die beiden zum Fluss bringen.

Arlo bedeutete Spot, dass er die Herde suchen musste. Arlo und die Dinofamilie folgten Spot, während er am Boden die Spur aufnahm. Das ging ziemlich langsam.

„Wenn du mich an der Nase herumführst, werde ich dir deine abbeißen", drohte Butch Arlo.

Arlo kicherte nervös. Er bückte sich und hob Spot schwungvoll mit seiner Schnauze hoch.

„Wir müssen uns beeilen", flüsterte er dem Jungen zu. Dann senkte er seinen Kopf bis kurz über dem Boden ab, während Spot noch auf seiner Nasenspitze saß. So kamen sie schneller vorwärts, und Spot konnte weiterschnüffeln.

Nach einer Weile fand Spot Spuren der Rinder! Die Gruppe folgte ihnen über einen Hügel, und von dort konnten sie die Herde sehen. Butch befahl allen, stehen zu bleiben. Er wusste, dass die Gegend nicht sicher war, denn überall gab es Viehdiebe, die hinter den Rindern her waren.

Butch wollte, dass Arlo die Viehdiebe hervorlockte. Arlo sah ein, dass er keine andere Wahl hatte und wagte sich ängstlich mit Spot auf dem Rücken auf die Weide.

Arlo öffnete das Maul und versuchte zu brüllen, aber nichts geschah. Er versuchte beherzt, seine Panik zu überwinden. Noch einmal öffnete er das Maul – wieder nichts!

Da biss Spot Arlo ins Bein.

„Aaaaahhh!", schrie Arlo aus Leibeskräften.

Nach und nach tauchten die Viehdiebe, furchterregende Raptoren, aus dem Grasland auf und näherten sich Arlo.

Arlo war starr vor Schreck. Er sah schon sein Ende vor sich.

In dem Moment schnappte sich Butch einen der Raptoren. Nash und Ramsey kamen hinzu und rangen die übrigen nieder. Dann setzte sich die Rinderherde in Bewegung – genau auf Arlo zu. Der konnte sich vor Angst immer noch nicht rühren, darum sprang Spot auf Arlos Rücken und stupste ihn an. Arlo rannte los, versteckte sich hinter einem dicken Felsen und brachte sie so beide in Sicherheit.

Ganz in der Nähe kämpfte Butch immer noch mit einem Raptor. Arlo und Spot beobachteten, wie der Raptor die Oberhand gewann und Butch zu Boden zwang. „Schnapp dir seinen Schwanz!", rief Butch Arlo zu. Arlo zitterte bloß, aber Spot stieß ihn wieder in den Nacken. Da stürmte der Dinosaurier auf den Raptor zu und schleuderte ihn mit einem Kopfstoß durch die Luft.

„Rooaaaahhh!", brüllte Arlo. Konnte das wahr sein? Hatte er das tatsächlich gewagt?

Die kommende Nacht verbrachten Arlo und Spot mit ihren neuen T-Rex-Freunden am Lagerfeuer.

„Du und der Knirps, ihr habt heute echten Mumm bewiesen", lobte Butch. Die drei Tyrannosaurier erzählten Geschichten über ihre Kämpfe mit anderen Bestien – sogar Krokodilen.

Arlo war fasziniert. „Ich habe jetzt auch keine Angst mehr", sagte er.

„Wer sagt denn, dass *ich* keine Angst habe?", fragte Butch.

Arlo staunte. „Wenn du doch gegen Krokodile …?"

„Jetzt hör mal, Kleiner", fuhr Butch fort. „Angst kann man nicht so einfach abschütteln. Aber man kann lernen, sie zu überwinden."

In diesem Moment fiel etwas vom Himmel. Es war Schnee! Das bedeutete, dass der Winter Einzug hielt.

„Ich muss nach Hause zu meiner Mama", sagte Arlo.

„Versprochen ist versprochen", sagte Butch. „Bei Morgengrauen ziehen wir los."

Die T-Rex-Familie zeigte Arlo und Spot, wie man zum Fluss kam, und verabschiedete sich herzlich. Der Junge und der Dino kannten nun den Weg nach Hause. Sie spielten und lachten auf ihrer langen Reise.

Als sie auf einer Hügelkuppe angekommen waren, zeigte Spot nach oben: Arlo sollte seinen Hals recken und den Kopf durch die Wolkendecke heben. Die beiden waren hingerissen von diesem wunderschönen Anblick.

„Wow!", staunte Arlo. Von hier aus konnten sie deutlich das Reißzahngebirge sehen. Ihr Ziel war in weiter Ferne, aber immerhin in Sicht. Die beiden beobachteten den Sonnenuntergang und waren überglücklich.

Am nächsten Tag, Arlo und Spot kamen gerade um eine Wegbiegung, erblickten sie das Reißzahngebirge.

„Es ist schon so nah", sagte Arlo. „Wir sind bald da."

Arlo hob den Kopf und heulte vor Freude. Spot stimmte ein, aber da kam plötzlich ein anderes Heulen als Antwort zurück. Die beiden Freunde sahen einen Mann vor sich auf dem Hügel.

Spot sprang von Arlos Rücken herunter und näherte sich dem Mann vorsichtig. Je weiter Spot sich entfernte, umso besorgter wurde Arlo. Er fürchtete, der Knirps könnte ihn verlassen. Der Dinosaurier holte Spot schnell ein und setzte ihn sich mit der Schnauze auf den Rücken.

„Wir müssen weiter!", sagte Arlo und ging auf den Weg zurück.

Der Weg führte am Flussufer entlang durch die Berge. Donner grollte erneut über ihnen, ein Sturm zog auf, und es begann zu regnen. Arlos Pfoten versanken im durchnässten Boden, und er kam kaum noch vorwärts.

Bevor Arlo begriff, was vor sich ging, erschienen mehrere Pterodaktylen am Himmel über ihnen, und einer von ihnen schnappte sich Spot.

„Neiiin!", kreischte Arlo und versuchte, den Jungen festzuhalten. Aber der Pterodaktylus war zu stark. Mit einem letzten Ruck riss er sich los und erhob sich mit Spot in den Klauen in die Lüfte.

„Spot!" Arlo weinte, während sein kleiner Freund verschwand.

Zum Glück gelang es Spot, sich aus dem Klammergriff des Pterodaktylus zu befreien, und er versteckte sich in einem hohlen Baumstamm. Er war verletzt, und die Pterodaktylen attackierten den Baum wieder und wieder. Derweil erreichte das Gewitter seinen Höhepunkt. Spot heulte und hörte ganz aus der Nähe ein Antwortheulen. Da, plötzlich ...

… erschien Arlo. Er war gekommen, um seinen Freund zu retten. Arlo stürmte auf die Pterodaktylen zu und beförderte einen von ihnen mit einem Kopfstoß in den reißenden Fluss. Während der Sturm um ihn herum wütete, entwurzelte er einen riesigen Baum und schleuderte ihn auf die übrigen Angreifer. Die gaben sich geschlagen und flogen davon. Spot schrie nach Arlo in seinem Baumstamm – er war eingeklemmt. Der Boden erzitterte, und Arlo sah, dass eine Sturzflut auf sie zuraste.

Spots Baum wurde von den brausenden Wassermassen entwurzelt und von der Strömung mitgerissen.
Arlo versuchte, den Jungen einzuholen – keine Chance. Die Sturzflut kam immer näher: eine hohe Wasserwand, die sich direkt auf Spot zubewegte.

Der kleine Dino rannte schneller als je zuvor in seinem Leben, um Spot einzuholen. Im letzten Augenblick erreichte Arlo ihn.
Als er auf gleicher Höhe mit Spots Baum war, spannte er alle Muskeln an und sprang. Aber mitten im Sprung erwischte ihn die Wasserwand. Arlo versuchte, sich gegen die Strömung zu stemmen, doch die Stromschnellen zogen ihn unter Wasser.

„Spot!", rief er verzweifelt.

Plötzlich entdeckte er Spot wieder, der immer noch in seinem Baumstamm kauerte. Dann hörte er das nahe Tosen eines Wasserfalls. Mit ganzer Kraft versuchte Arlo, zu Spot zu schwimmen. Der Junge konnte sich endlich aus dem Baum befreien, sprang in die Fluten und schwamm seinerseits in Arlos Richtung. Gerade in dem Augenblick, als sie sich zu fassen bekamen, fielen sie den Wasserfall hinunter.

Die beiden fielen immer weiter und versanken schließlich am Fuß des Wasserfalls im Fluss. Kurz darauf kam Arlo wieder an die Wasseroberfläche und hielt Spot dabei ganz fest. Der Dinosaurier kroch ans Ufer und hielt seinen kleinen Freund fest.

Arlo und Spot schauten einander an und lächelten matt. Sie waren völlig entkräftet, aber wohlbehalten.

Am nächsten Morgen – Arlo und Spot hatten sich die Nacht über gut ausgeruht – war das Unwetter weitergezogen. Erneut folgten sie dem Weg am Fluss entlang durch die Berge.

Nach kurzer Zeit hörten sie ein vertrautes Heulen. Vor ihnen stand der Mann, den sie am Vortag schon getroffen hatten. Diesmal war eine ganze Menschenfamilie bei ihm. Die Menschen kamen aus dem Wald, und Spot rannte ihnen entgegen.

Arlo sah, wie die Familie Spot umringte. Er wusste, was nun zu tun war. Als Spot wieder zu Arlo lief, schubste dieser ihn sanft mit der Nase in Richtung der Familie. Spot verstand nicht.

Also schubste Arlo ihn noch einmal und zeichnete einen Kreis auf den Boden – rund um Spot und diese Menschen. Jetzt endlich verstand Spot, was Arlo sagen wollte.

Als Spot Arlo zum Abschied umarmte, hatten beide Tränen in den Augen. Gemeinsam hatten sie so viel erlebt. Sie waren allerbeste Freunde geworden, aber sie wussten auch, dass es für Spot besser war, bei einer Menschenfamilie zu leben.

Arlo legte den Rest der Strecke allein zurück. Schließlich kam der Bauernhof in Sichtweite, und Arlo erkannte in der Ferne seine Mutter.

Buck und Libby liefen herbei, und die Familie lachte und rieb sich die Hälse. Endlich, endlich war Arlo wieder zu Hause!